Hucbald von St. Amand

Selig sind die Kahlen

Carmen de laude calvorum
Loblied auf die Kahlen

Übersetzt und kommentiert von Helmut Kreul

Copyright: © 2016 Helmut Kreul
Umschlag & Satz: Erik Kinting

Verlag: tredition GmbH, Hamburg
978-3-7345-3639-7 (Paperback)
978-3-7345-3640-3 (Hardcover)
978-3-7345-3641-0 (e-Book)
Printed in Germany

Bibliografische Information der Deutschen Nationalbibliothek:
Die Deutsche Nationalbibliothek verzeichnet diese Publikation in der Deutschen Nationalbibliografie; detaillierte bibliografische Daten sind im Internet über http://dnb.d-nb.de abrufbar.

Inhalt

Teil I

Hucbald und die Kahlen

Selig sind die Kahlen!

Das ist jedenfalls die feste Überzeugung des karolingischen Mönches und Gelehrten Hucbald (840 – 930) aus dem flandrischen Kloster St. Amand. In einem sensationellen Poem hatte er ein Loblied auf die Kahlköpfigkeit in 136 lateinischen Hexametern verfasst: 'carmen de laude calvorum'. Die außergewöhnliche Leistung liegt darin, dass jedes Wort mit dem Buchstaben 'c' beginnt und ausnahmslos wie das deutsche 'k' gesprochen wird. Dieser Buchstabe hat für ihn eine besondere Bedeutung: es ist der Anfangsbuchstabe für 'centum', für 'calvus' (kahl), es bildet die Form des Mondes und des Theaters nach. Und der wichtigste Grund war wohl, dass mit ihm der Name 'Carolus Calvus' (Karl der Kahle) beginnt, der in jener Zeit als König des westfränkischen Reiches herrschte. Ihm zu Ehren und aller anderen Kahlen hat Hucbald diese mühselige Arbeit auf sich genommen.

Den Kahlen ist der Platz im Paradies gewiss, wenn beim Jüngsten Gericht die finale Abrechnung stattfindet, da 'ohne Haare zu sein', gleichbedeutend ist wie ohne Sünden zu sein.[1]

Aber ihre Auserwähltheit zeigt sich auch schon im diesseitigen Leben; sind sie doch auf fast jedem Gebiet die herausragenden Vertreter ihrer Zunft – ob in der Politik, in der Rechtsprechung, in dem Metier der Kriegskunst, in Kunst und Wissenschaft und vor allem im kirchlichen Dienst. Danach unterteilen sich die einzelnen Strophen, die alle mit einer identischen Anfangszeile beginnen.

Es liegt nahe zu glauben, dass Hucbald selber einen sehr schütteren Haarwuchs oder gar eine ausgebildete Glatze hatte, wie es eine zeitgenössische Quelle mitteilt. Zumindest trug er die seit 633 für alle Geistlichen vorgeschriebene Tonsur. Es findet sich auch die Meinung, dass er sich 'Huc baldus' genannt habe, nach dem englichen Wort 'bald' für kahl.

Da ich diesen 'seltsamen' Mönch näher kennenlernen wollte und im deutschsprachigen Raum keine neuere Übersetzung fand, habe ich mich selber an die Arbeit gemacht und diese 'ecloga de calvis' möglichst textgetreu, aber auch mit der nötigen

---

1   s. Cap. I

Freiheit, versucht zu übersetzen. Es war jedenfalls überraschend, welche Einblicke in Charakterzüge und die Gesamtpersönlichkeit Hucbalds sich auftaten. Darüber im folgenden mehr.

Ein besonderes Anliegen ist es mir, auf eine überaus interessante Nachdichtung in englischer Sprache hinzuweisen. Der Autor[2] hat sich daran gemacht, die lateinischen Hexameter in solche in englischer Sprache zu übertragen. Es war aber nicht möglich, Hucbald komplett zu imitieren. Doch wo immer möglich, hat er Wörter mit den Anfangsbuchstaben 'b' und 'c' benutzt. Ich könnte mir vorstellen, dass diese zahlreichen Tautogramme überaus mühevoll gewesen sein müssen und große Anerkennung verdienen. Über manche dichterische Freiheiten kann man natürlich streiten, so zum Beispiel, wenn er tagesaktuelle Personen erwähnt, die heute kaum noch jemand kennt.[3]

---

2   Klein, Thomas, in Comitatus 26 (1), 1995 Title: In Praise of Bald Men

3   So wird Kojak als Muster eines Kahlköpfigen im Proömium genannt

Die Jagd nach dem Glatzen-Gen

Es gibt für die Mehrzahl der Männer eine gleichermaßen schockierende Entdeckung – der beginnende Haarausfall. Anfangs schleichend mit immer schütterer werdendem Haar, dann immer auffälliger mit der Bildung von Geheimratsecken und einer größer werdenden freien Fläche am Hinterkopf. Schließlich vereinigen sich die freien Stellen zu einer durchgehenden Glatze mit kleinen Rändern an den Seiten und einem Rest des Haarschopfes, der hartnäckig am Hinterkopf Widerstand leistet.

Im Laufe der Zeit bleiben nur die Resignation und das Hinnehmen des Unvermeidlichen, denn aufhalten lässt sich dieser Prozess mir Shampoos, Pillen und Tinkturen nicht.

Die Frage nach dem Warum haben sich die Betroffenen zu allen Zeiten gestellt und ebenso die Frage: Warum nicht die anderen?

Es seien dafür zwei Beispiele angeführt, die mehr als tausend Jahre voneinander entfernt sind:

Da haben wie zunächst das Lorscher Arzneibuch, eine mittelalterliche Textsammlung mit allerlei Rezepturen, entstanden um 800 n. Chr.
Dort finden wir die zu den Problemata des Pseudo-Aristoteles gehörende wichtige Frage Nr.19:

„quare seneces aliqui calvi fiunt et aliqui non?"

„Warum werden von alten Menschen die einen glatzköpfig, die anderen aber nicht?"

Der herrschenden medizinischen Lehre entsprechend gab es eine kurze und lapidare Antwort:

„Weil der eine von Natur aus wärmer ist als der andere; ersterer lässt die Haare wachsen, dem anderen fallen sie vor Kälte aus".

Diese Erkenntnis geht zurück auf die Vier-Säfte-Lehre des antiken Arztes Galen[4], der das ganze Mittelalter hindurch die bestimmende Autorität

---

4   Galen lebte von ca. 130 bis ca. 200 n. Chr. in Rom

in allen medizinischen Fragen war. Er unterschied vier Körperflüssigkeiten: Blut, Schleim, gelbe Galle und schwarze Galle. Diese würden sich in unterschiedlicher Weise vermischen und bildeten die Ursachen für alle Krankheiten. Ihr Mischungsverhältnis sei verantwortlich für das Entstehen von Wärme oder Kälte im Körper.

Dieselbe Frage wie das Lorscher Arzneibuch stellte sich 1200 Jahre später das **Hamburger Abendblatt** vom 16. 10. 2012:

„Warum bekommen manche Männer eine Glatze, andere aber nicht?"

Die Antwort ist viel komplizierter; ich werde versuchen, den gegenwärtigen Forschungsstand in wenigen Worten darzustellen. Heutzutage wird für alles eine genetische Veranlagung postuliert. Und seit Jahren findet die Jagd nach dem einen oder mehreren verantwortlichen Genen in vielen Laboren statt. Von Zeit zu Zeit wird behauptet, das Glatzen-Gen gefunden zu haben. Das allein reicht aber als Erklärung für eine saubere Glatzenbildung noch nicht aus.

Es muss noch der Einfluss eines Hormons hinzukommen, und zwar des Dehydrotestosterons, in das sich das männliche Hormon Testosteron verwandelt und das die Haarwurzeln, die Follikeln, verkümmern lässt, so dass die Haare ausfallen und keine neuen mehr nachwachsen können. Doch damit dies möglich sei, müsse ein bestimmter Gendefekt vorliegen. Nur dann kann sich die wissenschaftlich so genannte 'androgenetica alopecia' - vulgo Glatze herausbilden.

Dieser Gendefekt befindet sich allerdings nur auf dem weiblichen X- Chromosom, das von der Mutter vererbt wird, deren Gene somit entscheidend sind, ob sich eine Glatze bilden kann. Die Mutter hat dieses schadhafte X - Chromosom von ihrem Vater. Und damit schließt sich nach heutiger Theorie die Ursachenkette. Man sollte also einen Blick auf den Kopf des Großvaters mütterlicherseits werfen, um seine eigenen Aussichten einschätzen zu können.

Ist kahl cool?

Für Hucbald natürlich keine Frage. Für ihn sind ja die Kahlen auf allen Gebieten des Lebens unbedingt die großartigsten Vorkämpfer und leisten Vorbildliches. Dementsprechend ergeht er sich in überschwänglichen Lobeshymnen.

Aber wenn im Abstand eines halben Jahres sowohl der STERN als auch DIE ZEIT mit identischer Überschrift: „Kahl ist cool"[5] die neue Wertschätzung des kahlen Schädels ausrufen, dann hat das einen besonderen Grund. Sie beziehen sich auf eine wissenschaftliche Studie der Wharton Business School, in der Albert Mannes, Professor an der University of Pennsivania, in einem Experiment mit 344 Probanden herausgefunden hat, dass Männer mit Glatze oder glattrasiertem Schädel in vielen Bereichen vorteilhafter beurteilt wurden.[6]

Die fünf wesentlichen Vorteile könne man, wie die Huffington Post vom 12.12. 2014 meint, folgendermaßen zusammenfassen:

---

5 DIE ZEIT vom 11. Oktober 2012 und der STERN vom 12. April 2013

6 Albert E. Mannes, Shorn Scalps and Perception 0f Male Dominance, 2012

1. Wer Glatze trägt, zeigt Stärke,
weil Menschen mit Glatze damit signalisieren, dass sie entscheidungsfreudig und selbstbewusst seien, und das sei 'definitiv sexy'.

2. Chefs mit Glatze haben es leichter,
denn die Entscheidungsfähigkeit prädestiniere kahlköpfige Männer, Chefs zu werden. Da sie als einflussreicher, autoritärer und dynamischer wahrgenommen werden, würden Mitarbeiter ihnen eher folgen.

3. Männer mit Glatze wirken männlicher,
wie die Testpersonen eindeutig feststellten, als man ihnen Fotos derselben Männer – mal mit Glatze und mal mit vollem Haar – vorlegte.

4. Ein rasierter Schädel lässt Männer größer wirken.
Die Probanden schätzten Kahlköpfige etwa zwei Zentimeter größer und 13 Prozent kräftiger ein, als sie wirklich waren.

5. Ein Mann mit Glatze bleibt in Erinnerung.

Eine Glatze kann zu einem Markenzeichen werden. Rasierte Schädel werden wahrgenommen. Männer mit Halbglatze werden als weniger attraktiv und erfolgreich eingeschätzt.

Der ZEIT–Redakteur Josef Joffe verknüpft diese Studie mit kulturtheoretischen Spekulationen. Er verweist auf den uralten Geschlechterkampf zwischen Männern und Frauen. Die Frauen schickten sich zwar an, die Weltherrschaft zu übernehmen, aber auf ihre Locken würden sie dafür niemals verzichten. Die Männer hätten somit eine geschlechtsspezifische Waffe, die ihnen die Frauen nicht nehmen könnten.

Auf einen anderen Aspekt hat Michael Cunningham von der Universität Louisville hingewiesen. Die heutige Zeit habe die reine Muskelkraft entwertet. Um als männlich zu erscheinen, komme es auf den Kopf an – „nackt, glänzend und gewaltig".

Wer ist Hucbald?

Über die wichtigsten Stationen seines Lebens haben wir einige knappe Informationen. Schon im Kindesalter kam er in das Kloster Elno (benannt nach dem vorbeifließenden Bach Elno), das später nach dem Gründer, dem Hl. Amandus, den Namen St. Amand erhielt. Es liegt in Nordflandern, in der Nähe der Stadt Tournai. Hucbald bezeichnet sich einmal selber als 'monachus Elnoensis'.

Über sein Geburtsdatum gibt es keine exakte Gewissheit, jedenfalls irgendwann um 840; sein Todesjahr wird mit 930 angegeben. Die überwiegende Zeit seines doch recht langen Lebens verbringt er in seinem Heimatkloster.

Hucbald wird als Knabe von seinem Onkel Milo, einem weithin anerkannten Lehrer in den freien Künsten und Leiter der Konventsschule, an das Kloster geholt und erhält dort die seinerzeit bestmögliche schulische Ausbildung.

Er zeigt sich als sehr begabt, vor allem auf dem Gebiet der Musik, so dass sein Onkel eifersüchtig geworden sei und ihn an ein anderes Kloster verwiesen haben soll. Ab 860 jedenfalls studiert Hucbald in Auxerre, söhnt sich in den folgenden Jahren mit seinem Onkel wieder aus und übernimmt nach dessen Tod 871 die Leitung der Klosterschule.

In diesem Amt erwirbt er sich große Anerkennung als Reformer und als Experte auf dem Gebiet der Musiktheorie. In den letzten beiden Jahrzehnten des 9. Jahrhunderts ist er wieder häufiger aus dem Kloster abwesend zwecks Erledigung diverser anderer Aufgaben, vor allem bei der Reformierung und Wiederherstellung von Musikschulen in den Klöstern des westfränkischen Reiches, die vielfach durch Normannenüberfälle geplündert und stark zerstört worden waren. Die letzten dreißig Jahre seines Lebens verbringt er ab 900 ausschließlich im Kloster St. Amand.

Hucbald profitierte in seiner gesamten Ausbildung von den Errungenschaften der durch Karl den Großen initiierten 'Kulturrevolution', die eine erstaunliche Reform der lateinischen Sprache herbeiführte, so dass die Gelehrten des 9. Jahrhunderts durch die intensive Lektüre der klassischen Autoren sogar mit ihnen wetteifern zu können glaubten. So versucht sich auch Hucbald auf dem zu seiner Zeit so beliebten Feld der Lobgedichte, der Eklogen. Mit seiner 'ecloga de laude calvorum' - Loblied über die Kahlköpfe - erweist er sich als Meister der klassischen Verskunst. Seine Hexameter sind nach allen Regeln der antiken Vorschriften geschmiedet. Damit steht er aber in jenen Jahren nicht allein. Es ist damals geradezu ein Muss für viele Gelehrte, sich über alle möglichen Themen in Hexameterversen zu äußern.

Über die Entstehungszeit von Hucbalds 'carmen', wie er sein Opus auch nennt, ist viel spekuliert worden. Wie schon mehrfach gesagt, ist der eigentliche Adressat der westfränkische König Karl II., der den wenig schmeichelhaften Namen 'Carolus Calvus' – Karl der Kahle – trägt. Und dieser König ist die Grundlage für die Datierung; denn im Text wird er noch als König angesprochen, in den drei Zeilen, die dem Lied vorangestellt sind als eine Art von Überschrift, jedoch als Imperator.[7] Das war aber erst nach Karls Kaiserkrönung an Weihnachten 875[8] möglich. Wie ist diese Diskrepanz zu erklären? Vermutlich ist die schwierige Arbeit der Abfassung

---

7   In der Huldigung heißt es: Incipit ecloga domni Hucbaldi, monachi Elnoensis, ordinis Sancti Benedictiad Carolum Calvum Imperatorem

8   Die Kaiserkrönung erfolgt durch Papst Johannes VIII. Es wird behauptet, dass er in Wahrheit die legendäre Päpstin Johanna gewesen sei. Das Ganze ist aber nebulös und nicht historisch gesichert.

im Laufe des Jahres 875 erfolgt, als Karl eben nur König war. Nach Fertigstellung und bei der Huldigung an den Adressaten, die man ja erst machen kann, wenn die Hauptarbeit geschafft ist, kommt die Kaiserkrönung dazwischen und Hucbald muss entsprechen reagieren.

Die Frage, ob Karl wirklich kahl gewesen ist, wird zwar noch gelegentlich gestellt, ist aber nicht wirklich strittig.[9]

Eine andere Frage ist es, ob es von Seiten Karls irgendeine Reaktion auf die Zusendung des Lobgedichtes gegeben hat. Vielleicht hatte Karl gar keine Zeit mehr dazu. Denn in den Jahren 876 und 877 befindet er sich in ständigen Feldzügen im ostfränkischen Reich und in Italien, um seine Herrschaftsansprüche abzusichern. Am 6. Oktober 877 stirbt er überraschend.

Somit mag Karl auch gar nicht mehr dazu gekommen sein, seine Anerkennung für die mühselige Arbeit auszusprechen und eine durchaus nennenswerte materielle Belohnung zu leisten, die sich Hucbald möglicherweise versprochen hat.

---

9   Reinhard Lebe, War Karl der Kahle wirklich kahl, dtv 1990

Deshalb scheint auch die Vermutung, dass Hucbald mit seinem Gedicht einem Auftrag Karls nachgekommen sei[10], nicht sehr realistisch zu sein und ist auch durch keinen Hinweis Hucbalds belegbar.

Die Kahlen aller Zeiten wird es dennoch freuen, dass er auch ihnen zu Ehren dieses Werk verfasst hat, und werden ihm sicherlich dafür größte Anerkennung zollen.

---

10   Reinhard Lebe, a.a.O., Vorwort

Hucbald als Kind seiner Zeit

Wer immer über Hucbald und sein 'Gedicht zum Lobe der Kahlen' etwas in den Gazetten oder Friseurzeitschriften mitteilen will, bezieht seine Kenntnisse nicht etwa aus einer eigenen Übersetzung seiner Verse, sondern besorgt sich die notwendigsten Informationen im Internet. Aber dort kann man nur allgemeine Mitteilungen zu Lebensweg und zur formalen Gestaltung des Werkes erhalten. Über Hucbald als Mensch aus Fleisch und Blut, über seinen Charakter, seine Motive, Gedanken, Hoffnungen und Ängste kann man nur etwas erfahren, wenn man sich intensiv mit seinen Versen beschäftigt.

Und diese zeigen einen Menschen wie er zwiespältiger kaum sein könnte: auf der einen Seite der fromme Mönch, der in der klösterlichen Gemeinschaft den Dienst an Gott und die kirchlichen Riten ausübt, auf der anderen Seite ein unerbittlicher und hasserfüllter Verfolger und Inquisitor, der mit seinen Gegnern kein Mitleid kennt.

Wer sind im 9. Jahrhundert seine Gegner? Es sind alle, die sich gegen seinen Landesherrn König Karl II., genannt der Kahle, auflehnen und ihn auf den verschiedensten Schlachtfeldern bekämpfen.

Ein beliebtes Feld ist die politische Propaganda, die sich in dieser Zeit vor allem in Form von Lob- oder Schmähgedichten äußert. Diese wurden mündlich oder in Abschriften in den Zentren des Reiches verbreitet. Karl der Kahle hatte sich von klein an, sobald er mit Landbesitz ausgestattet wurde, mit vielen Anfeindungen, vor allem von Seiten seiner Brüder, auseinanderzusetzen. Im Laufe der Zeit hatte er sich in der Herrschaft des westfränkischen Reiches etabliert und sich mehr oder weniger unangefochten als König durchgesetzt. Aber auch jetzt wird er heftig angegriffen von der unflätigen Schmähtirade eines namentlich nicht genannten Autors.

Dieser hatte als Anlass ein körperliches Merkmal des Königs genommen, und zwar dessen schon in relativ jungen Jahren einsetzendes schütteres Haar. Jetzt befand der König sich in der ersten Hälfte der Fünfziger und wird wohl eine ausgeprägte Glatze ausgebildet haben.

Hucbald, der nur wenige Jahre jünger war als Karl, fühlte sich ebenfalls auf das äußerste gekränkt, da auch er, wie überliefert ist, Träger eines kahlen Kopfes war.

Er folgt den üblichen Gepflogenheiten bei literarischen Erzeugnissen in diesen Jahrhunderten. Es gibt keinen festen Titel, mit dem man das Werk zitieren könnte, sondern eine Incipit (Beginn) Zeile am Anfang und eine Explicit-Zeile am Ende.

Hucbalds Incipit ist sehr aufschlussreich: Er nennt sein Werk 'ecloga domni Hucbaldi', auch die Autorenangabe zu Beginn war durchaus üblich, die er noch weiter spezifiziert durch die Angabe: 'monachi Elnoensis, ordinis Sancti Benedicti'. Danach die überraschende Widmung: 'ad Carolum Calvum imperatorem'. Hier ist vielleicht bemerkenswert, dass er den Kaiser Karl II. ganz selbstverständlich mit dem Cognomen 'Calvus' belegt.

Die Explizit-Zeile, der Abschluss des ganzen Liedes, ist kurz und knapp: 'Explicit carmen Hucbaldi de laude calvorum'. Damit haben wir quasi eine Überschrift, die wir dem gesamten Werk voranstellen können: 'Carmen de laude calvorum'.

Dem eigentlichen Proömium, in dem er seine Intentionen und Ziele vorstellt, schickt er noch drei Verse voraus, die erahnen lassen, was den Anstoß für das mühevolle Dichten nur mit c-Vokabeln gegeben hat. Ein 'Verrückter' (cerritus) habe versucht, mit einem Schmähgedicht die Kahlköpfigen zu verunglimpfen. Da fühlt er sich herausgefordert, mit einem 'conspicuo carmine', einem ansehnlichen Lied, dagegenzuhalten.

Wer ist Karl der Kahle?

Er ist der vierte Sohn des Kaisers Ludwig des Frommen und wurde nach seinem Großvater Karl dem Großen Karl genannt. Seine Geburt war letztlich der Grund für endlose Verwicklungen und kriegerische Auseinandersetzungen, die die Einheit des karolingischen Reiches sprengten und die diversen Reichsteilungen zur Folge hatten.

Ludwig der Fromme glaubte mit der 'Ordinatio imperii' im Jahre 817 sein Haus bestellt zu haben. Sein ältester Sohn Lothar wurde Mitkaiser und die beiden jüngeren Pippin I. und Ludwig (später 'der Deutsche'genannt) zu Unterkönigen ernannt. Damit sollte die Reichseinheit besiegelt sein.

Doch dann wurde der Kaiser Ludwig Witwer und beschloss im Alter von 41 Jahren, sich neu zu vermählen. Er veranstaltete eine Brautschau unter den adligen heiratsfähigen Töchtern seines Reiches, und seine Wahl fiel auf die schöne 15jährige Judith, Tochter des alemannischen Grafen Welf.

Judith gebar 823 einen Sohn, den besagten Karl. Sie war nicht zufrieden, dass die Erbfolge bereits geregelt und alles verteilt war. Sie muss großen Einfluss auf Ludwig besessen haben und erreichte tatsächlich, dass ihr Sohn entgegen den ursprünglichen Regelungen mit einer eigenen Herrschaft, dem Herzogtum in Alemannien, ihrer Heimat, belehnt wurde.

Das fand aber nicht die Billigung der älteren Halbbrüder, die in ständig wechselnden Bündnissen immer wieder gegen den Vater rebellierten und ihn sogar zweimal gefangen setzen konnten. Ludwig konnte sich immer wieder dank seiner Getreuen zurück an die Macht bringen.

Der Zorn der Brüder galt aber hauptsächlich ihrer Stiefmutter Judith, gegen die sie eine maßlose und verleumderische Kampagne richteten. Karl sei gar nicht der leibliche Sohn Ludwigs, sondern Frucht einer ehebrecherischen Beziehung mit dem damaligen Paten Karls und späteren Kämmerer Bernhard von Septimanien. Judith wurde zweimal in ein Kloster verbannt, ebenso der noch minderjährige Karl. Aber jedesmal, wenn Ludwig wieder in seine kaiserliche Macht zurückkehrte, wurde auch Judith rehabilitiert und an den Hof des Kaisers zurückgebracht.

Allerdings musste sie sich auf einer Reichsversammlung durch einen öffentlichen Eid von allen Verdächtigungen reinwaschen.

Nach dem Tode Ludwigs 840 eskalierte der Streit unter seinen Söhnen. Verträge, Abmachungen und Übereinkünfte hatten unter den Karolingern keine lange Haltbarkeitsdauer und waren oft das Papier nicht wert, auf dem sie fixiert worden waren.

Karl verbündete sich mit Ludwig gegen Lothar und Pippin II und siegte in einer äußerst blutigen und verlustreichen Schlacht bei Fontenoy 841. Lothar musste in eine Dreiteilung des karolingischen Reiches einwilligen, die 843 in Verdun förmlich besiegelt wurde.

Karl erhielt den westlichen, Ludwig den östlichen Teil und Lothar das mittlere Reich. Nach dem Tode Lothars teilen sich Karl und Ludwig sein Territorium nach militärischen Konfrontationen 870 im Vertrag von Meerssen (bei Maastricht).

Karl regierte relativ moderat und mit einer Vielzahl von Capitularien recht gewissenhaft, konnte sich gegen die Anfeindungen seines Halbbruders Ludwig der Deutsche durchsetzen und erreichte nach dessen Tode sogar die Kaiserkrönung nach dem Vorbild seines Großvaters Karls des Großen am Weihnachtstage des Jahres 875.

Die Gesamtbewertung seines Königtum fällt nicht nur positiv aus. In einem Punkt hat er kläglich versagt, und zwar in der Abwehr der räuberischen Normannen, die seit den vierziger Jahren des 9. Jahrhunderts entlang den Flussläufen ihre Überfälle starteten und Klöster, Städte, Ländereien plünderten. Oft musste er hohe Tribute zahlen, um die eingedrungenen Horden zum Abzug zu bewegen. Allerdings hat er viele Maßnahmen verfügt, dass überall Befestigungen angelegt und aufgerüstet werden sollte. Diese Order wirkten sich aber erst nach seinem Tode aus, und die Überfälle ließen gegen Ende des Jahrhunderts nach.

Welche Beziehungen hatte Hucbald zu Karl dem Kahlen? Es ist nicht berichtet und auch nicht anzunehmen, dass Hucbald persönliche Kontakte zu Karl gehabt hat. Ob Karl bei seinen Reisen jemals das Kloster St. Amand aufgesucht hat, ist ebenfalls nicht bekannt. Zudem war das Kloster auch Opfer eines Überfalles der Normannen, die große Zerstörungen und Verwüstungen hinterlassen hatten.

Als der unbekannte Schmäher den König, der damals schon den Beinamen 'Calvus' trug, mit einem

Gedicht auf das übelste verunglimpfte, fühlte sich Hucbald zu seiner Verteidigung berufen. Dass der König diesen Schmähdichter mit der Blendung bestrafte, hielt Hucbald offensichtlich für angemessen. Das Blenden, lateinisch: 'caecare' oder 'luminibus privare' gehörte schon seit den Merovingerzeiten zur gängigen Strafe. Sie wurde angewendet, wenn man die Todesstrafe aus irgendwelchen Gründen nicht anwenden wollte, weil etwa Mitglieder des Hochadels betroffen waren oder sie für zu hart gehalten wurde.

Auch im 9. Jahrhundert kann man in den Quellen viele Beispiele für diese grausame Bestrafung finden. Bei dieser Prozedur wurden ein glühendes Eisen oder Schwert so dicht an die Augen gehalten, dass die Hitze die Augenflüssigkeit verdampfen ließ und die Sehkraft dauerhaft in Verbindung mit schrecklichen Schmerzen zerstörte. Wenn die innere Wunde verheilt war, waren äußerlich keine Folgen mehr sichtbar; aber der Delinquent oder Konkurrent war auf Dauer praktisch nicht mehr gefährlich. Deshalb war die Blendung bei Rebellen in der eigenen Familie oft praktiziert. So hat auch Karl der Kahle seinen Sohn Karlmann blenden lassen, weil der sich seinen Anordnungen widersetzte und nicht als Abt in einem Kloster wirken wollte, sondern lieber eine weltliche Herrschaft anstrebte.

Es kam aber auch vor, dass die Wunde sich durch Infektionen entzündete und das arme Opfer dadurch zu Tode kam, wie es bei Bernhard von Italien passierte, den sein Onkel, Kaiser Ludwig der Fromme, wegen offener Rebellion erst mit dem Tode bestrafen wollte, dann aber zur Blendung „begnadigte".

Karl der Kahle ist auch einer wenigen Frankenkönige, über die in der muslimischen Welt berichtet wurde, ein malik al Farsanj (König der Franken). So wird überliefert, dass ein Qarlush bin Ludhwiq (Karl der Sohn Ludwigs) von Gott wegen einer Freveltat mit einem nicht endenden Kopfschmerz bestraft worden sei. Daran sei er dann auch schließlich gestorben.[11] Möglicherweise ist ein realer Kern in dieser Überlieferung, und wir haben einen Hinweis auf die Todesursache des mit 54 Jahren 877 verstorbenen Karl.

11   Jussen Bernhard, Die Franken, München 2014 S. 127

Ist Gott kahl?

Hucbald bezieht sich in manchen Punkten auf Synesios von Cyrene[12] ohne ihn expressis verbis zu benennen. Dieser hatte, als er schon in jugendlichen Jahren von Haarausfall betroffen wurde, eine Lobpreisung der Kahlheit verfasst.[13]

In seiner Argumentation schöpft er aus dem ganzen Fundus und Reichtum einer tausendjährigen Literatur und Philosophie aller berühmten klassischen Autoren. Seine logische Beweisführung gipfelt in der Feststellung, dass der Kahlkopf das vollkommenste Wesen unter den Geschöpfen sei: denn er gleicht der vollkommensten Form, die es nach der platonischen Kosmologie gibt, nämlich der Kugel.

---

12 Synesios entstammte der Cyrenaika (heute Libyen) und lernte Griechisch schon als Muttersprache. Seine Geburt wird in die Jahre zwischen 365 und 370 n. Chr. datiert. Schon von Kindheit an beschäftigt er sich mit den klassischen griechischen Autoren, vor allem mit Homer und Platon. Seine Studienzeit verbringt er in der damaligen Bildungsmetropole Alexandria und hört die Vorlesungen der weithin berühmten Philosophin und Mathematikerin Hypatia. Sie gilt als die gebildetste Frau der damaligen Zeit und leitet als erste und einzige Frau die alexandrinische Philosophenschule. Synesios (gestorben 413) ist zeitlebens ein großer Verehrer Hypatias, deren gewaltsame Ermordung durch fanatisierten christlichen Mob auf Anstiften des Bischofs Kyrill 415 er nicht mehr erlebt.

13 'Lob der Kahlheit', übersetzt und kommentiert von Werner Golder, Würzburg 2007

Alle Himmelskörper haben diese Kugelgestalt und sind glatt und 'unbehaart'. Daher liegt es nahe, den glatten, kahlen Kopf mit ihnen zu vergleichen. Die Parallele zum Mond lag besonders nahe: die Kahlheit und ihre Vorstufen hätten ja die gleiche äußere Form wie er. „Er geht sichelförmig auf, rundet sich dann bis zur Hälfte, krümmt sich neuerdings auf beiden Seiten und füllt sich schließlich ganz."[14]

Er bezeichnete jene, die diesen Punkt erreicht hatten, als Vollmonde, ja sogar noch einen Schritt weiter als Sonnen. Diese kehrten nicht mehr zu den Phasen des Aufgangs zurück, sondern strahlten während der ganzen Zeit des täglichen Umlaufes.

Da die Götter nur in der vollkommenen Gestalt der Kugel vorstellbar sind, gilt für die Kahlköpfe, dass sie in besonderer Nähe zu den Göttern stehen, ja sogar fast gottgleich seien. Vorsichtig nähert er sich dem entscheidenden Gedanken, ohne es direkt auszusprechen, nämlich dass „der Kahle ganz selbstverständlich mit Gott eins" sei.

"Vielleicht ist ja auch das Göttliche selbst von dieser Art. Gnädig möge es meiner Rede sein. Nur fromme

---

14 Golder, a.a.O. S. 47

Gedanken bringen mich dazu, so etwas auszusprechen."[15] Das heißt also, so ganz deutlich, wie ihm oft unterstellt wird, hat er es nicht behauptet, dass Gott kahl sei. Aber in der Logik der Gedankenführung liegt es schon.

Was wusste Hucbald von Synesios 'Lob der Kahlheit'? Er verweist an verschiedenen Stellen auf die Parallele zu den Mondphasen. Im Cap. XII übernimmt er voll die Argumentation aus den kosmologischen Kapiteln des Synesios (vergleiche den Kommentar zu Cap. XII). Wenn auch die ältesten erhaltenen Handschriften des phalákras enkomion auf das zehnte Jahrhundert zurückgehen, muss also Hucbald doch ältere Überlieferungen gekannt haben.

Auch er schreckt vor der letzten Schlussfolgerung zurück, nämlich zu behaupten, Gott sei kahl.

Wie unterscheidet sich Hucbald von seinem mehr als 400 Jahren älteren 'Vorgänger'?

Synesios ist ein gebildeter und kritischer Aristokrat, der den Genüssen des Lebens und allem Schönem zugetan ist und sich in pulsierenden Metropolen seiner Zeit, Alexandria und Konstantinopel, sicher

---

15   Golder, a.a.O. S. 35

bewegen kann. Spät konvertiert er zum Christentum und wird sogar zum Bischof von Ptolemais in der Cyrenaika ernannt, ohne allerdings die christlichen Dogmen für sich anzuerkennen und seine paganen Überzeugungen aufzugeben. Man kann ihn als Synkretist bezeichnen; denn sein Ideal ist, die griechisch-römische Antike mit dem Christentum zu verbinden.

Synesios hat seine Schrift nicht bitter ernst genommen, sondern das Ganze mit einem Augenzwinkern und großem Spaß verfasst.

Vollkommen anders dagegen Hucbald, der überhaupt keinen Spaß versteht und seine Gegner mit blutigem Ernst verfolgt. Auch sein Werdegang in klösterlicher Zucht und Strenge, in der Kargheit der karolingischen Provinz und in der rigorosen Ordnung des westfränkischen Königreiches lassen keinen Raum für leichtere Gedanken. Für Synesios war das jenseitige Schicksal ohne Bedeutung, für Hucbald jedoch war den Kahlen die ewige Erlösung und Belohnung im Paradies vorbestimmt.

Teil II

Die Kahlen sind auf allen Gebieten überlegen

Proömium:

Der erste Vers beginnt mit der seit Homer üblichen Anrede an die Muse, hier im Plural und Camenae genannt. Diese waren ursprünglich römische Quellnymphen und wurden später mit den griechischen Musen gleichgesetzt. In allen folgenden Strophen wiederholt sich diese Anfangszeile, insgesamt vierzehnmal. Es wird sofort das zentrale Thema des ganzen Werkes genannt, für die Kahlköpfigen dieser Erde zu singen.

Dann aber kommt Hucbald schnell zur Sache. Die beiden hauptsächlichen Leitmotive der gesamten 'ecloga calvorum' klingen hier bereits an; da steht natürlich die Glorifizierung aller Kahlköpfigen an erster Stelle, aber kaum minder ist der Zorn auf alle Träger eines Haarschopfes, die es gewagt haben, mit Schmählieder die Kahlen zu verunglimpfen. Diese beschimpft er nicht nur hier als Hunde.

Cap.I: Selig sind die Kahlen, denn ihrer ist das Himmelreich!

An dieser Stelle wird die spirituelle Gemeinschaft von kahl gewordenen Laien mit der Priesterschaft beschworen. Denn diese gleichen sich nicht nur in der Frisur und im Kopfschmuck immer mehr den Geistlichen an, sondern werden auch wesensmäßig zu ihren brüderlichen Gefährten. Wie sie werden auch die Kahlen die leuchtende Krone bei der Wiederkehr Christi empfangen. Hucbald sieht im Fehlen der Haare auch ein Freisein von Sünden. Die Kahlheit garantiert somit die künftige Auserwähltheit und den Aufstieg ins Paradies.

Cap.II: Die Kahlen in der Gemeinschaft der Kirche

Hier erhalten wir einen besonders guten Einblick in das Ritual des Gottesdienste zu Hucbalds Zeiten. Die Kahlen sind hervorragende Sänger und besingen die feierlichen Umzüge und Prozessionen – ein Hinweis darauf, dass die Messfeier bewegter waren. Auch lauter Hörnerklang erschallte.

Laien und Priester sind zwar durch einen Lettner getrennt. Eine Besonderheit ist das Salben mit dem in der Messe bereiteten Salböl. Gemeinsam wird das Abendmahl gefeiert.

Cap. II A: Kahle Mönche erbringen große kulturelle Leistungen

Wie an anderer Stelle bereits ausgeführt, gibt es eine breite Diskussion um die Zugehörigkeit dieser Strophe zum Gesamtwerk der 'Ecloga calvorum'. Ich möchte hier nicht auf die Zahlenspielereien eingehen, ob 136 oder 146 Verse als authentisch anzunehmen sind. Ich werde hier diskutieren, ob es formale oder inhaltliche Aspekte für eine Aussortierung dieser Strophe gibt.

Von der Wortwahl und der gesamten äußeren Struktur spricht nichts gegen eine Echtheit. Wie sieht es mit den thematischen und inhaltlichen Aussagen aus?

Hatte Hucbald sich im ersten Kapitel mit der künftigen Bestimmung der Kahlköpfigen beschäftigt und ihnen Auserwähltheit und ewiges Heil beim Jüngsten Gericht verheißen, so stehen im zweiten

Kapitel die großartigen Leistungen von Kahlen im Rahmen kirchlicher Funktionen - von Priestern bis zu Äbten und Bischöfen – im Vordergrund.

Daran schließt sich in diesem Kapitel eigentlich bruchlos die Glorifizierung kahlköpfiger Mönche an, die in Klöstern gewaltige kulturelle Leistungen vollbringen. Sie verwalten das Überlieferte und schaffen Neues. Sie verfassen kanonische Schriften und legen Urkunden an.

Man spürt in diesen Versen förmlich eine besondere Begeisterung Hucbalds. Gehörte er doch selber dieser exklusiven Gemeinschaft an. Die Klöster sind ebenfalls die musterhaften Stätten, an denen die Mönche sich in Kasteiungs- und Enthaltsamkeitsritualen vervollkommnen.

So gesehen gibt es meines Erachtens viele Gründe, die für eine Aufnahme dieser Strophe in das Gesamtwerk sprechen. Die Befürworter dieser These ordnen sie nach den ersten beiden Strophen ein: als Cap. II A.

CAP: III: Kahle Männer bekleiden die wichtigsten Staatsämter

Dieses Thema ist so ganz nach Hucbalds Geschmack, kann er doch die Rolle der Kahlen in den politischen und gesellschaftlichen Führungsämtern übermäßig herausstellen. Besonders die Vorgehensweise des kahlen Richters, der mit Vorliebe behaarte Übeltäter mit drakonischen Strafen belegt, hat es ihm angetan. Mit dem Censor, der besonders erwähnt wird, kann nur Appius Claudius Caecus gemeint sein, der von 312 bis 308 v. Chr. In Rom das Censorenamt bekleidete und die römische Rechtsordnung reformierte.

An diesem Punkt kommt Hucbald wie so oft auf die Strafe der Blendung zu sprechen, die er offensichtlich als nicht zu hart empfindet, wenn sie gegen die 'Lockenköpfe' angewandt wird, die gegenüber den Kahlen ausfällig werden. Die aus unserer Sicht als überaus grausam empfundene Bestrafung versteht er an dieser Stelle eher als Drohung und Warnung. Die dreimalige Wiederholung des 'cessa' - lass ab! - soll die Eindringlichkeit der Warnung unterstreichen, die Kahlen in Ruhe zu lassen.

Cap. IV: Kahle Männer sind kühne und geniale Heerführer

Was für eine blutrünstige Orgie zeigt sich in dieser Strophe! Man sollte es kaum glauben, dass der Mönch Hucbald, ein Mann der Kirche, seinen gewalttätigen Emotionen solch freien Lauf lässt. Seine Gewalt- und Tötungsphantasien gehen bis ins Detail. Er frohlockt geradezu, wie kahlköpfige Heerführer sich im Schlachtgetümmel hervortun und mitleidlos mit den haartragenden Feinden umspringen. Man könnte fast der Meinung sein, dass Hucbald sich am liebsten auch an solchen Gemetzeln beteiligen und selber mit Speer und Schwert in die Schlacht stürzen und unter den gelockten Gegnern aufräumen würde.

Es lässt sich natürlich nicht einschätzen, was davon rhetorischer Übertreibung oder wirklicher Überzeugung geschuldet ist.

Aber Tatsache ist, dass er auch an vielen anderen Stellen in seinem Werk kein Mitleid mit Provokateuren hat, die sich im Besitz einer vollen Haarpracht befinden, und dass er ihnen die schlimmsten Strafen wünscht.

Cap. V: Kahle Ärzte sind besonders kenntnisreich

Medizinisches Wissen war in der Karolingerzeit vor allem in den Klöstern zu finden, und die Mönche hatten die Kompetenz in der Anwendung der Heilkunst. Wie der Klosterplan des St. Gallener Klosters zeigt, gab es ein eigenes Spitalareal mit Krankenzimmer, Apotheke, Aderlasshaus und einem Raum für Schwerkranke. Besonders wichtig war auch der Kräutergarten mit dem Anbau aller bekannten Heilpflanzen.

Hucbald traut kahlköpfigen Heilern, nach Lage der Dinge können es nur Mitmönche sein, ganz besondere medizinische Leistungen zu. Er zählt in diesem Kapitel eine ganze Reihe von Krankheiten und Gebrechen auf, für die die kahlen 'Ärzte' ein geeignetes Gegenmittel anwandten.

Wenn diese ihr Wissen auffrischen mussten, konnten sie die wirksamen Rezepturen im Lorscher Arzneibuch nachschlagen, dem ältesten medizinischen Handbuch der Welt (um 800).

Unter den mehreren Hundert Rezepten finden sich ganz besonders phantasiereiche gegen die erwähnten Krankheiten wie Katarrhe, Schwindsucht[16], Herzschwäche, Koliken und innere Gebrechen.

Auch die kahlen Chirurgen machen ihre Sache besonders gut. Sie sind geübt in der in dieser Zeit weit verbreiteten Prozedur des Aderlasses, mit dem man 'schlechtes' Blut ausleitete. Eine andere Praxis ist die hier erwähnte Kauterisation, d.h. das Ausbrennen kritischer Wunden, um Infektionen vorzubeugen.

Den Mönchen war zu Hucbalds Zeit noch gestattet, als Chirurgen tätig zu werden. Das änderte sich auf dem Laterankonzil von 1215 unter dem Papst Innozenz III., als das Dekret beschlossen wurde, dass künftig von Geistlichen keine chirurgischen Maßnahmen mehr ergriffen werden dürften. Das wurde jahrhundertelang respektiert und führte dazu, dass weniger erfahrene Bader an die Stelle der auf diese Eingriffe spezialisierten Mönche traten.

---

16   Gegen die Schwindsucht wurde geraten, eine grüne Eidechse in drei Schoppen Wein zu kochen und den Wein bis auf einen Schoppen einzukochen. Von dem Sud sollten drei Löffel täglich eingenommen werden.

Cap. VI: Harte Attacke gegen den, der die Kahlen in den Dreck zieht

In dieser Strophe folgt ein harter Angriff gegen den Verfasser eines Schmähgedichtes gegen die Kahlen allgemein, das aber vor allem den kahlen König Karl treffen wollte. Hucbald sieht darin einen Frevel gegen die göttliche Ordnung. Der Schöpfer habe es gefügt, dass alle den Kahlen untergeben sein sollen.

Besonderen Interpretationsbedarf erfordert die Zeile 9 mit der dort geäußerten Frage: „hatte etwa ein in den Dreck gefallener Kürbis den kahlen Kopf gebildet?". Zitiert Hucbald doch damit gleichsam eine komplette Zeile aus dem Schmähgedicht, nur in eine rhetorische Frage umformuliert. Hucbald begibt sich damit auf dünnes Eis. Zwar war die Gleichsetzung 'cucurbita' (Kürbis) mit einem Glatzkopf durchaus ein gebräuchlicher Topos in den damaligen politisch motivierten Verunglimpfungen Karls des Kahlen. Allein es ist schon sehr riskant, dieses Schimpfwort hier überhaupt zu erwähnen. Aber wusste Hucbald um 875 nicht mehr, dass mehr als vierzig Jahre früher der Begriff 'cucurbitatio' für Karl sehr gefährlich war. Es war eine Umschreibung für Ehebruch – und den sollte seine Mutter, Kaiserin und junge Gemahlin Ludwigs des Frommen, mit Bernhard von Septimanien begangen haben, die damals sogenannte 'schwarze Legende'.

Es gab wilde Gerüchte, dass Karl der Sohn dieser illegitimen Verbindung gewesen soll. Seine Feinde und besonders seine Brüder haben diesen Vorwurf immer wieder in den Kriegen um die Erbregelungen gegen ihn ins Feld geführt.

Cap: VII: Die Kahlen werden als Märtyrer gelobt

Wiederum beschäftigt sich Hucbald mit dem für uns anonymen Verfasser der Schmähschriften. Diesmal unterstellt er ihm, die Kahlen mit den schlimmsten Martern gleichsam wie Märtyrer quälen wollen. Das geht los mit der Häutung oder auch Schinden genannt, d.h. mit dem Abreißen der Haut, eine grausame Strafe, von den Assyrern über die Antike bis ins Mittelalter praktiziert. Viele Märtyrer wurden auch mit glühenden Kohlen gemartert.

Auch Asche aufs Haupt als Zeichen der Schande, wie es bei römischen Feldherren nach einer Niederlage üblich gewesen sein soll. Sogar einer Kastration möchte er die keuschen Kahlen unterziehen. Diese aber lassen sich durch alle diese schreckliche Dinge nicht einschüchtern und kontern immer mit einer spirituellen Gegenantwort.

Cap. VIII: Der Prophet Elisa und die respektlosen Knaben

Erneut wendet sich Hucbald zornerfüllt und mit ziemlich drastischer Ausdrucksweise gegen den Verfasser des Schmähgedichtes. Und dabei kommt ihm eine Episode aus dem Leben des Propheten Elisa gerade recht, um den Verleumder zu warnen.[17] Elisa lebte im 9. Jahrhundert vor Chr., und, als er bei seinen Wanderungen einst in der Nähe der Stadt Bethel bergan ging, seien Knaben aus der Stadt gekommen und hätten ihm von oberhalb zugerufen: „Komm doch herauf, Kahlkopf! Komm doch herauf, Kahlkopf!" Der kahle Prophet habe das als große Beleidigung verstanden und sie

---

17   Altes Testament, 2. Buch der Könige, 2, 23-25

daraufhin im Namen des Herrn verflucht. Da seien plötzlich zwei Bären aus dem Gebüsch gekommen und hätten zweiundvierzig Jungen zerrissen.

Was für eine Geschichte um diesen frommen Mann! Hucbald scheint diese grausame Bestrafung durchaus angemessen zu finden und versucht auch gar nicht, sie durch fadenscheinige Beschuldigungen der Opfer zu bemänteln und durch mancherlei Kapriolen in der Interpretation zu verdrehen, wie das heutige Ausleger tun.[18]

Cap. IX: Die Konversion des Apostels Paulus

In dieser Strophe widmet sich Hucbald dem Apostel Paulus, der für ihn wichtigsten kirchlichen Persönlichkeit, vor allem wegen seiner Verdienste um die frühesten christlichen Gemeinden. Er erzählt das umstürzende Ereignis im Leben des Saulus, die Bekehrung durch eine gewaltige Lichterscheinung und die Aufforderung Jesu, von nun an seine Lehre zu verkünden. Hucbald erwähnt auch die zeitweilige Entrückung des Paulus in den 'dritten

---

18   Wilhelm Busch, Elisa, Neukirchen-Vluyn, 2006, S. 62-66

Himmel'[19], das eigentliche Paradies und die Heimstatt Gottes. Paulus lässt aber offen, ob sich dieses Ereignis leibhaftig oder im Geiste ereignet habe[20]. Dass Paulus, wie er sich nach der Taufe nannte, eine umfangreiche Glatze aufwies, zeigen schon die frühesten bildlichen Darstellungen. Und genau das machte ihn für Hucbald als Lehrmeister und Vorbild unschlagbar.

Die dreitägige Blendung des Saulus/Paulus war natürlich etwas ganz anderes als die Blendung als Strafe.

Cap. X: Der Apostel Paulus verurteilt langen Haarwuchs und üble Nachrede

Auch in dieser Strophe beschäftigt sich Hucbald erneut mit dem Apostel Paulus und zitiert sinngemäß aus seinen Sendschreiben, jedenfalls soweit sich dessen Anliegen für seine Thematik nutzbar machen lassen.

---

19 Der erste Himmel ist die Atmosphäre über uns mit den Wolken; der zweite Himmel ist das Universum mit den Gestirnen

20 2. Kor. 12, 1-10

So hatte Paulus im 1. Brief an die Korinther[21] die Meinung vertreten, dass es für Männer eine Schande sei, ihre Haare wachsen zu lassen. Lange Haare wollte er nur den Frauen gestatten. Die aber sollten ihr Haupt verhüllen.

Die zweite Hucbald interessierende Anweisung behandelt die Frage der verleumderischen üblen Nachrede, mit der er sich ja immer wieder mit großer Obsession auseinandersetzt. Er bezieht sich auf den Brief an die Epheser[22]: „Möge alle boshafte Bitterkeit und Wut und Zorn und Geschrei und lästerliches Reden samt aller Schlechtigkeit von euch entfernt werden".

Cap. XI: Hucbald begrüßt die Blendung des Schmähers

Es gehörte zu den Gepflogenheiten der Karolingerzeit, in den politischen und kriegerischen Auseinandersetzungen mit den übelsten Schmähgedichten und Verleumdungen den Gegner herabzusetzen.

---

21   1. Kor. 9, 14

22   Eph. 4, 31

Besonders Karl der Kahle konnte ein Lied davon singen. Wurde er in jungen Jahren beschuldigt, kein legitimer Sohn des Kaisers Ludwig des Frommen zu sein (s. Cap. 6), so musste er später Schmähungen wegen seiner frühen Glatzköpfigkeit erdulden.

Den Verfasser eines solchen Poems hat er grausam mit Blendung[23] bestraft. Diese für uns heute schreckliche Strafe war aber in der Karolingerzeit durchaus üblich. Politische Gegner wurden oft auf diese Weise ausgeschaltet und anschließend hinter Klostermauern kaserniert. Auch Hucbald findet diese Tortur ganz angemessen und berauscht sich geradezu daran, wie die Anrede 'caece canis' – blinder Hund – und die dreimalige Wiederholung 'conquinisce, canis' – kusch dich, Hund – nahelegt. Von Erbarmen und Mitleid sieht man bei Hucbald keine Spur.

Cap. XII: Hucbald zitiert Synesios von Cyrene

Im Schlusskapitel schwingt sich Hucbald zum absoluten Höhepunkt des ganzen Gedichtes auf. In

---

23   s. S. 17

Anlehnung an die Argumentation des Synesios von Cyrene (ca. 360 – 414 n.C.), der in einem fiktiven Streitgespräch mit Dio Chrysostomus die Kahlköpfigkeit verherrlichte[24], stellt Hucbald den Kahlen gleichsam als die Krone der Schöpfung dar und vergleicht ihn mit den Gestirnen. Zunächst mit dem Mond, dessen Stadien er über die Sicheln bis zum Vollmond, der totalen Glatze, durchläuft. Dann sogar mit der Sonne, die als das Hauptgestirn den vollkommenen Körper symbolisiert. Insofern ist also jeder Kahle ein Mikrokosmus, ein kleiner Mond oder eine kleine Sonne.

---

24   Synesios, phalákras enkomion – Lob der Kahlheit

Teil III

Lateinischer Text
und
Übersetzung

INCIPIT

ecloga domni Hucbaldi,
monachi Elnoensis, ordinis Sancti Benedicti
ad Carolum Calvum Imperatorem

Carmina, conviciis cerritus carpere calvos
Conatus, cecinit; celebrentur carmine calvi
Conspicio clari: carmen cognoscite, cuncti!

Es beginnt
das Loblied des Herrn Hucbald,
des Mönches vom Kloster Elno, aus dem Orden
des heiligen Benedikt,
an den Imperator Karl den Kahlen.

Ein Verrückter hat versucht, mit unflätigen
Schimpfworten die Kahlen
in den Dreck zu ziehen, und hat solche Lieder ge-
sungen. Die leuchtenden
Kahlen sollen mit einem hervorragenden Liede
gefeiert werden.
Nehmt nun alle das Lied zur Kenntnis!

Proömium

Quo Camenae invitantur ad laudem calvorum
(Womit die Musen eingeladen werden, zum Lobe der Kahlen zu singen)

Carmina, clarisonae, calvis cantate, Camenae!
Comere condigno conabor carmine calvos,
Contra cirrosi crines confundere colli.
Cantica concelebrent callentes clara Camenae,
Collaudent calvos, collatrent carmine clubas
Carpere conantes calvos crispante cachinno,
Conscendant coeli calvorum causa cacumen.
Conticeant cuncti concreto crine comati
Cerrito calvos calventes carmine cunctos.
Consona coniunctim cantentur carmina calvis.

Singt, ihr hellklingenden Musen, eure Lieder für
die Kahlköpfigen!
Ich werde versuchen, die kahlen Menschen mit
einem würdigen Lied
zu schmücken und dagegen die Haare des krau-
sen Nackens zu zerzausen.
Die kundigen Musen mögen ihre hellen Lieder
feierlich singen und

vereint die Kahlen preisen; sie sollen mit ihrem Lied anbellen gegen die

Hunde, die versuchen, mit hässlichem Kleffen die Kahlen zu quälen, und

um der Kahlen willen sollen sie zur Spitze des Himmels aufsteigen!

Alle Träger eines dichten Lockenkopfes, die alle Kahlen mit

einem närrischen Lied quälen wollen, sollen verstummen!

Gemeinsam sollen sie harmonische Lieder für die Kahlen anstimmen!

Cap. I.

**Quod calvities in quodam modo praesagium
futurorum quibusque provenire videatur**
*(warum die Glatzköpfigkeit eine Vorahnung des Zu-
künftigen ist und für wen sie zu gelten scheint)*

Carmina, clarisonae, calvis cantate, Camenae!
Cum crescit capitis cervici clara corona,
Consortem cleri consignat confore calvum,
Capturum claram, Christo cedente, coronam.
Ceu crines capitis, convellens crimina cordis,
Corde creatorem conspectat, corpore caelum.
Caelicolas cives cupiens contingere cultu,
Crimina cum curis condemnat cuncta caducis;
Caeli conscensum, concentum caelicolarum
Concipiens cupide, collaudat cuncta creantem.

Singt, ihr hellklingenden Musen, eure Lieder für
die Kahlköpfigen!
Wenn der helle Kranz am Hinterkopfe wächst, be-
zeugt er, dass der Kahle
zum brüderlichen Gefährten des Geistlichen wird
und ihm die leuchtende

Krone bei der Ankunft Christi zuteil wird.

So wie er sich die Haare vom Kopfe wird er sich die Sünden aus dem Herzen

reißen; dann erblickt er mit dem Herzen den Schöpfer und mit dem Leibe

den Himmel. Er ist begierig, mit seiner Verehrung den Himmlischen nahe zu

sein und verdammt alle Sünden mit den hinfälligen Sorgen.

Mit Inbrunst trachtet er nach dem Aufstieg zum Himmel und dem Einklang

mit den Himmlischen, und er preist den Schöpfer aller Dinge.

Cap. II.

Calvos cantores, abbates etiam, doctores et episcopos esse ac sacerdotes
(dass die Kahlen Sänger, auch Äbte, Gelehrte und Bischöfe sowie Priester sind)

Carmina, clarisonae, calvis cantate, Camenae!
Coniubilant calvi celso clamore canori,
Continuantque choro castas cantare choreas.
Conformes capiti, concordes corpore cuncti,
Complacitas cleri contendunt condere caulas,
Correpto cornu caelestia classica clangunt,
Conficiunt carum Christi cognomine chrisma,
Consociant cuneo conspersos chrismate coetus.
Concordes caute celebrant convivia cenae;
Consaturant Christi convivas carne, cruore.

Singt, ihr hellklingenden Musen, eure Lieder den
Kahlköpfigen!
Es jubilieren die schönstimmigen Kahlen in erha-
benen Tönen
und besingen unablässig im Chor die frommen
Umzüge,

alle einträchtig im Aussehen des Schädels und
alle Hand in Hand.

Die Priester stellen eifrig die genehmen Al-
tarschranken auf,

ergreifen die Hörner und lassen die himmlischen
Signale erschallen.

Sie stellen das kostbare Salböl im Namen Christi
zusammen,

vereinen die in der Reihe Versammelten und be-
netzen sie mit dem

Öl. Gemeinsam feiern sie behutsam das Abend-
mahl und sättigen

die Teilnehmer mit dem Fleisch und dem Blut
Christi.

Cap. II A

Calvos coenobitas psalmistas, grammaticos esse atque poetas, scribas quoque et plurimae abstinentiae

(dass kahlköpfige Mönche Psalmisten, Gelehrte sowie auch Dichter und Sekretäre sind und sich höchster Enthaltsamkeit befleißigen)

Carmina, clarisonae, calvis cantate, Camenae!
Complures calvos cogunt castissima castra.
Caelica certatim celebrantes cantica Christo,
Corpore, crine carent, collustrant culmina caeli.
Caelica concupiunt, cohibent curare caduca.
Componunt chartas, concinnant carmina clara,
Catholicum canonem certum conscribere
curant.
Commulcant carnem, congestant corde calorem
Constantem, castum; communi currere cursu
Contendunt celeres, caelique capessere culmen.

Singt, ihr hellklingenden Musen, eure Lieder für die Kahlköpfigen!
Die keuschesten Stätten bringen die meisten der Kahlen zusammen.

Während sie im Wettstreit Christus die himmlischen Lieder singen,
entsagen sie dem Körper und den Haaren und schauen die Gipfel des Himmels.
Himmlisches begehren sie und neigen auch dazu, sich um Vergängliches zu kümmern. Sie fertigen Urkunden an und verfassen herrliche Lieder.
Sie kümmern sich um die Niederschrift der unverfälschten katholischen Lehre.
Sie geißeln das Fleisch und sammeln im Herzen die konstante heilige Glut.
Sie wetteifern im gemeinsamen Lauf, um schnell den Gipfel des Himmels zu erreichen.

CAP. III

Quod calvi reges sint et imperatores, consules
quoque, legislatores
et iudices.
(Dass Kahle Könige und Kaiser sind, auch Konsuln,
Gesetzgeber und Richter)

Carmina, clarisonae, calvis cantate, Camenae!
Conregnant calvi, conscendunt culmina clari,
Conspicui, compti chrysea cervice corona.
Clementes censu, condunt consulta clientum.
Cincinnose, cave! Condemnant crimina calvi;
Censorem calvum censuram condere constat;
Censorem calvum cordatum crede cavendum!
Calventem calvos caecari corpore censet.
Calvitium calvi caecatus carpere cessa;
Cessa calvastrum, cessa corrodere, cessa!

Singt, ihr hellklingenden Musen, eure Lieder für
die Kahlköpfigen!
Berühmte kahle Männer regieren, sie besteigen
die höchsten Ämter
des Staates, herrlich geschmückt mit goldenem
Haarkranz im Nacken.

Sie urteilen milde und versammeln um sich ihre Klienten.

Lockenkopf, pass auf! Glatzköpfe verurteilen die Verbrechen. Und

ein kahler Censor begründete die Censur, soviel steht fest. Glaub mir,

ein weiser Mann soll sich vor einem kahlen Richter hüten! Der wird den,

der die Kahlen missachtet, körperlich blenden lassen. Lass ab,

als Geblendeter, die Kahlheit des Kahlen zu schmähen, lass ab, die

beginnende Glatze herabzusetzen. Lass ab! Lass ab!

Cap. IV

Quod calvi sint duces exercitus, ipsi etiam bellatore docti atque robusti.

(Dass die Kahlen Heerführer, wie auch kundige und starke Krieger sind)

Carmina, clarisonae, calvis cantate, Camenae!
Conducunt calvi cuneos certamine claros,
Compugnant calvi christati casside cunctos,
Contorquent, crispant celeres cum caede
catervas:
Comprendunt cirros, contundunt calce comatos,
Cuspide confodiunt; capulo conscissa corusco
Colla cadunt: celebrant calvi clamore celeusma.
Commotuscertare, catus certamine calvus
Conculculcat, caedit, crinitos cedere cogit,
Captivos captat, captos cervice coartat.

Singt, ihr hellklingenden Musen, eure Lieder den
Kahlköpfigen!
Kahle Heerführer lenken die leuchtenden Heereskeile in der Schlacht.
Sie kämpfen gegen alle, geschmückt mit dem
Helmbusch. Im Gemetzel

des Kampfes schwenken sie wellenförmig die schnellen Heerhaufen.

Sie ergreifen die Gelockten, sie zermalmen mit dem Stiefel die
Haarträger, sie durchbohren sie mit dem Speer; mit schimmerndem Schwert
durchtrennt, fallen deren Nacken zu Boden. Es jauchzen die Kahlen mit großem
Gebrüll. Zum Kampfe gereizt, zertritt, mordet der schlaue Kahlkopf die
Haarträger oder zwingt sie zum Rückzug.
Kriegsgefangene macht er und zwängt sie unters Joch.

Cap. V

Laus calvorum in experientia artis medicinae, tam pharmaciae quam chirurgiae
(Lob der Kahlen für ihre Kenntnis in der Kunst der Medizin, der Pharmazie und der Chirurgie)

Carmina, clarisonae, calvis cantate, Camenae!
Comperies calvos columen conferre cerebro;
Comperies capitis curare catarrhos:
Comperies calvos caecas curare cavernas.
Chronica cum cancro ceditque cachexia calvo.
Cardia cor carpens cassatur, colica cessat.
Contrectans chalybem, concisa carne, coercet
Corruptum capitis, cocta cervice, cruorem
Cur complura cano? Clandestina cuncta caduci
Corpore confutat, collapsaque corpora curat.

Singt, ihr hellklingenden Musen, eure Lieder für die Kahlköpfigen.
Du wirst sehen, dass die Kahlen dem Gehirn Stärke verleihen.
Du wirst sehen, dass sie die Katarrhe des Kopfes heilen. Du wirst sehen,

dass sie auch Krankheiten im Inneren des Körpers heilen.

Und die chronische, krebsartige Schwindsucht weicht dem kahlen Arzt.

Es wird die Herzschwäche behandelt und die Kolik verschwindet.

Mit dem Griff zum Skalpell bekämpft er durch einen Aderlass das

vergiftete Blut, und ein Abszess im Nacken wird ausgebrannt.

Was soll ich mehr berichten? Auch die im Körper verborgenen Krankheiten

behandelt er alle. Kollabierte Körper kuriert er.

Cap. VI

**Invectio increpantis adversus cavillatorem cla-
ros conviciantem**
*(Attacke gegen den Verleumder, der die Kahlen
beschmutzt)*

Carmina, clarisoenae, calvis cantate, Camenae!
Corde cavus, cirrose, cave certare creanti,
Conviciumque creaturae condicere cessa.
Condita cunctipotens causarum cuncta creator
Constituit, curamque cavens conferre creatis,
Cetera curvavit, clarum consurgere calvi
Concedens culmen, cui cedere cuncta coegit,
Cerritus cur collatrat clamore canino -
Condiderat calvum collapsa cucurbita caeno?
Conticeat citius caenosa calumnia cuius.

Singt, ihr hellklingenden Musen, eure Lieder für
die Kahlköpfigen.
Herzloser Krauskopf, lege dich besser nicht mit
dem Schöpfer an
und vermeide es, seine Geschöpfe mit Schmutz
zu bewerfen!

Der allmächtige Schöpfer der Dinge hat alles so gefügt und alles
bereitgestellt, dass es seinen Geschöpfen an nichts fehlen solle.
Die anderen Lebewesen beugte er nieder, und nach seinem Gebot soll die
leuchtende Rundung des Kahlkopfes sich herausheben, und ihm soll alles
untergeben sein.
Warum bellt der Verrückte mit hündischem Gekleff – hatte etwa
ein in den Dreck gefallener Kürbis den kahlen Kopf gebildet?
Seine schmutzige Verleumdung sollte schnellstens verstummen.

Cap. VII

Item adversus eundem cavillatorem, et laus cal-
vorum de humilitate, caritate et castitate
*(Erneut gegen denselben Schmäher, und das Lob der
Kahlen bezüglich Demut, Liebe und Keuschheit)*

Carmina, clarisonae, calvis cantate, Camenae!
Complex carnificum corium convellere calvo
Cur censes? Cordis convellit crimina calvus.
Cur censes capiti cineres conspergere calvo?
Cognoscit calvus cineri concrescere corpus.
Cur censes calido carnes carbone cremari?
Corda cremant calvis Christi concocta calore.
Cur censes calvum castrari corpore castum?
Cordetenus cunctis castratur concito culpis.
Carmine carnificans calvum, compesce cavillum.

Singt, ihr hellklingenden Musen, eure Lieder den
Kahlköpfigen!
Warum hältst Du es als Komplize der Henker für
richtig, dem Kahlen
die Haut vom Leibe zu reißen? Reißt dieser sich
doch die Sünden aus

dem Herzen. Warum bist Du dafür, Asche auf den kahlen Nacken zu streuen?

Aber der Kahle weiß doch, dass der Körper durch Asche gehärtet wird.

Warum willst Du sein Fleisch mit glühender Kohle verbrennen? Brennen den

Kahlen doch die Herzen, die in der Glut Christi zur Reife gelangen.

Warum bist Du der Meinung, den keuschen Kahlen körperlich zu kastrieren?

Wird er doch bis ins Herz hinein schnell von aller Schuld befreit.

Wenn Du einen glatzköpfigen Menschen mit deinem Lied verletzest,

bezähme die spöttischen Sticheleien.

Cap. VIII

Exprobatio carminis eius et paradigma de Eliseo
propheta et pueris illi insultantibus
*(Vorwurf gegen dessen Gedicht und das Beispiel
des Propheten Eliseus und der ihn schmähenden
Jungen)*

Carmina, clarisonae, calvis cantate, camoenae!
Carminibus caveo claris coniungere caeca.
Calcetur caeno calcanda calumnia calce.
Caenosus caenosa canens - concludito cannam!
Censebis certe censorem codice cautum
Clarividum calvum, cui conscia consecutura.
Commotum catulorum circumlatrante cachinno
Clamantes: Conscende citus, conscendito, calve!
Condemnasse cacos; confestim crimina clarant
Convicii, corrosa cadunt cum corpora carptim.

Singt, ihr hellklingenden Musen, eure Lieder für
die Kahlköpfigen!
Ich werde mich hüten, meinen hellen Liedern
finstere hinzuzufügen.

Deine Verleumdung soll mit schmutzigem Fuße
zertreten werden, und
wenn du, Du Schmutzfink, dreckige Lieder singst -
verschließe lieber deine
Schreibfeder! - wirst Du feststellen, dass der
rechtskundige Richter,
ein weitsichtiger, kahlköpfiger Mann, dem die Folgen bewusst sind, erschüttert
die bösen Buben verdammt hat, die ihm mit dem
lauten Gebell junger Hunde zuriefen: „Komm
schnell herauf, Glatzkopf, komm doch herauf!"
Während ringsum die zerfleischten Körper zu Boden sinken,
bezeugen die Schmähungen rasch die
Verbrechen.

Cap. IX

**De egregio Paulo apostolo, quod a Christo voca-
tus caecatus sit
raptusque in tertium caelum**
*(Über den herausragenden Apostel Paulus, der von
Christus gerufen, vom Licht geblendet und in den
dritten Himmel aufgenommen wurde)*

**Carmina, clarisonae, calvis cantate, Camenae!
Carmina calvorum cumulentur carmine calvi
Conspicui, cuius crudelis cautio caedis
Constituit, Christi cultores carnificare,
Coniubilant circumfulgente charismate calvo
Caecato cuncti. Christi clamore citatus,
Corruerat cito, confossus ceu cuspide conti;
Confestimque capit conscensum culmine caeli,
Clarivido cernens conspectu cunctipotentem
Confore, cor cuius clarat caeleste cacumen.**

Singt, ihr hellklingenden Musen, eure Lieder für
die Kahlköpfigen!

Diese Lieder sollen jedoch gekrönt werden von dem Lied, das den herausragenden Kahlen besingt, der beschloss,
um selber einem grausamen Tod zu entgehen, die Anhänger
Christi hinrichten zu lassen. Dann, als er, der Kahle, von einem weithin gleißend
leuchtendem Geschenk geblendet wurde, fallen alle in Jubel aus.
Von Christus gerufen, war er rasch herbeigeeilt, wie von einem Stachel
durchbohrt. Unverzüglich fährt er auf zur Spitze des Himmels,
wo er die Anwesenheit des Allmächtigen weithin sichtbar schaut.
Dessen Herz bringt das himmlische Universum zum Strahlen.

Cap. X

Quod factus sit ex persecutore praedicator, et quod comam nutrire et turpem vetarit proferre sermonem
(Wie aus einem Peiniger ein Prediger wurde und, dass er verboten hat, das Haar zu pflegen und schändliches Geschwätz von sich zu geben)

Carmina, clarisonae, calvis cantate, Camenae!
Conglomerate choros, calvo celebrate choreas.
Censuram celebrem calvum compsisse colendum
Comperimus: caeli consul, consulta cavenda
Crimina confutat, caenosi cuncta coercet
Colloquii; cunctis communia commoda censet,
Confundit cirros; collegia civica condit.
Conciliando consponsorum Christicolarum
Corda ciet, capiti corpus coniungere certans.
Cerritus celebres cesset contemnere calvos.

Singt, ihr hellklingenden Musen, eure Lieder für die Kahlköpfigen.
Versammelt die Chöre und feiert Umzüge dem Kahlen zu Ehren,

der, wie wir wissen, als berühmt und verehrungs-
würdig geschätzt
wird: der Konsul des Himmels, der alle Verbrechen
der schändlichen Nachrede
verabscheut und bekämpft.
Die Güter sollen allen gemeinsam gehören. Er be-
schneidet die Locken und
begründet in den Städten neue
Glaubensgemeinschaften.
Durch seine Hinneigung spornt er die Herzen der
christlichen Mitbürger an,
um die Glieder mit dem Haupt zu vereinigen.
Ein Narr möge endlich aufhören, berühmte kahle
Männer zu missachten.

Cap. XI

Alloquitur Camenas poeta de cavillatore insi-
nuans eum calvi regis iudicio caecatum.
*(der Dichter spricht die Musen auf den Verleumder
an, und teilt mit, dass dieser durch ein Urteil des kah-
len Königs geblendet wurde)*

Carmina, clarisonae, calvis cantate, Camenae!
Crudelem calvos casso conamine cunctos
Carpere conantem compescite, crimine captum
Convicii, commentantem commenta caduca,
Concito convictum caecis concludite claustris!
Calvaster censor caecari crimine captum
Censet. Caece canis, cessa contemnere calvum!
Conquinisce, canis, confingens crimina calvis!
Conquinisce, canis, collatrans carmine calvos!
Conquinisce, canis, cessans corrodere calvos!

Singt, ihr hellklingenden Musen, eure Lieder für
die Kahlköpfigen.
Schlagt den Grausamen in Fesseln bei dem Ver-
such, alle Kahlen mit
nichtsnutzigem Tun in den Dreck zu ziehen!
Schließt ihn, bei dem Verbrechen

der Schmähung ertappt und schnell überführt, während er seine Lügen
ersinnt, im finstersten Kerker ein!
Der kahlköpfige Richter hat den Verbrecher mit Blendung bestraft.
Blinder Hund, hör auf, einen Kahlen verächtlich zu behandeln!
Kusch dich, Hund, und dichte den Kahlen keine Vergehen an!
Kusch dich, Hund, und belle nicht die Kahlen mit deinem Lied an!
Kusch dich, Hund, und hör auf, die Kahlen zu zerfleischen.

Cap. XII

Epitoma laudis calvorum a corporis situ et
pulchritudine, et quod calvus microcosmus sit
*(ein kurzer Überblick zum Lobe der Kahlen betreffs
Körperbau und Schönheit, und weil der Kahlköpfige
ein Mikrokosmos darstellt)*

Carmina, clarisonae, calvis cantate, Camenae!
Concilium clarum calvorum cogere coetum
Cum cernis, calvum caeli comprendito cyclum,
Calvitii culmen caeli cognoscito centrum!
Circuitus cosmi commendat cetera calvi.
Calvos consocia, candentes congere calvos!
Cynthia cessabit chryseos conferre colores,
Cornua contenebrans concedet crescere calvis.
Collucent calvi, calvorum cassida candet
Conrutilans caeli ceu copia clara coruscat.

Singt, ihr hellklingenden Musen, eure Lieder für
die Kahlköpfigen.
Wenn du die leuchtende Gemeinschaft von Kahl-
köpfen sich versammeln
siehst, dann sieh darin den kahlen Kreis der Ge-
stirne des Himmels und

erkenne als Gipfel der Kahlheit das himmlische Zentralgestirn!

Der Kreislauf des kahlen Kosmos preist das Übrige. Füge hinzu die kahlen
und leuchtenden Sterne!

Der Mond wird aufhören, sein goldfarbenes Licht zu verbreiten, wird seine
Sicheln verdunkeln und den kahlen Gestirnen gestatten zu wachsen. Gemeinsam und kahl leuchten sie, und ihr Helm erglänzt rötlich schimmernd und schwingt wie die leuchtende Fülle des Himmels.

Clausula Carminis

Carmina, clarisonae, calvis cantate, Camenae!
Conveniet claras claustris componere cannas.
Completur claris carmen cantabile calvis.

Das Ende Liedes

Singt, ihr hellklingenden Musen, eure Lieder den
Kahlköpfigen!
Es wird sich empfehlen, die ruhmreichen Schreib-
federn zu verschließen.
Vollendet ist das singenswerte Lied für die glorrei-
chen Kahlen.

**Explicit carmen Hucbaldi monachi de laude
calvorum**

Vollendet ist das Lied des Mönchs Hucbaldus zum
Lobe der Kahlen

Teil IV

Das Widmungsgedicht Hucbalds an den Erzbischof Hatto

Wer ist Hatto?

Hatto, Erzbischof von Mainz (891-913) war der bedeutendste und mächtigste Kirchenmann im ostfränkischen Reich an der Wende vom 9. zum 10. Jahrhundert, wegen seines großen Vermögens – er verfügte zeitweilig über vier Abteien – und wegen seines bedeutenden politischen Einflusses.

Er mischte sich in alle politischen Auseindersetzungen ein und galt als besonders skrupellos. Ihm wurde manche Hinterhältigkeit zugeschrieben und nach seinem Tode diente er als gutes Objekt für alle möglichen negativen Legenden. Besonders über sein Ende wurde in späteren Jahrhunderten munter fabuliert. So soll er im Binger Mäuseturm Mäusen oder Ratten zum Opfer gefallen sein.[25]

Wahrscheinlich ist jedoch, dass er an einer, wie es heißt, „febris Italica", einer Art Virusgrippe, im Jahre 913 gestorben ist. Durch die zahlreichen

---

25   Dies Legende bezog sich ursprünglich auf seinen späteren Nachfolger Hatto II. (gest. 970), der den Binger Turm errichtet haben und dort als Strafe für seine grausame Hartherzigkeit von Mäusen bei lebendigem Leibe aufgefressen worden sein soll. Später wurde die Geschichte auf Hatto I. bezogen.

Heerzüge konnten auch ansteckende Seuchen eingeschleppt werden.

Warum widmet Hucbald dieses aufwendig komponierte Gedicht als Sendschreiben an Hatto und übergibt ihm gleichzeitig mehr als zwanzig Jahre nach Herstellung sein 'carmen de laude calvorum'? Wir erfahren darüber überaus interessante Details. Hucbald mag sogar persönlich Hatto aufgesucht haben, den, wie er andeutet, schon früher kennengelernt hat.

Die besonderen Motive seiner Übereignung des Lobgedichtes breitet er in der ersten Hälfte ziemlich deutlich aus, um sie dann am Ende als gegenstandslos hinzustellen. In der Antike hätten die großen Dichter wie Vergil, Ovid oder Porphyrius von reichen Gönnern Anerkennung und umfanreiche Zuwendungen erhalten. Detailliert schildert er zwei kuriose Geschichten vom Mäzenatentum des Kaiser Augustus, die von Macrobius überliefert wurden.[26]

Ja, wer als potenter Machthaber oder gar als Princeps anerkannt werden wolle, der solle bedeutende literarische oder dichterische Leistungen mit

---

26   Macr. Sat. II, 30 u. 31

lukrativen Belohnungen würdigen. Bemerkenswert für uns ist, dass Hucbald ein robustes Selbstbewusstsein äußert und sich in eine Reihe mit Vergil und Ovid stellt.

Unterstrichen wird das Ganze noch durch den Hinweis auf die große Anstrengung, die die Abfassung des Werkes gekostet habe. Und wie er sich die Lippen durch das Kauen auf der Schreibfeder zerrieben habe.[27]

Dann als Höhepunkt die theatralische Präsentation seiner Ekloge an den Erzbischof Hatto, beginnend mit den perfekten Tautogrammen in Zeile 36 und 37 und sich steigernd in Zeile 38 mit dem „En tibi." zusammen mit der Angabe der Gesamtzahl

---

27 Hucbald verwendet einen beliebten Topos zur Umschreibung, wenn man nicht recht weiter weiß und auf dem Federkiel kaut. s. a. Vergil, Eclog. II, v. 34

der Verse (136)[28] und der Begründung für die Wahl des Buchstaben 'c' als Anfangsbuchstaben eines jeden Wortes. Das ist für ihn der universale Buchstabe schlechthin.

Hatto schien Hucbald der richtige Ansprechpartner zu sein, weil er wohl völlig kahlköpfig war, wie die Anrede calvorum gloria, calve" bezeugt[29], und er sein Werk wohl richtig zu würdigen wisse. Erst jetzt bestreitet er vehement, sich der Mühen einer Belohnung wegen unterzogen zu haben. Die

---

28   Hucbald selbst nennt die genaue Zahl der Verse. Da jedoch die meisten Handschriften 146 Verse überliefern, gibt es ein Problem. Wir können nicht annehmen, dass Hucbald sich verzählt hat und müssen eine plausible Erklärung finden. Manche Experten lassen einfach eine ganze Strophe ausfallen.
Mein Vorschlag: Statt eine ganze Strophe mit zehn Versen zu streichen (hier Cap. IIA S 32) könnte es eine einfache Lösung geben. Zusammen mit dem Proömium haben wir 13 Capitula, alle beginnen mit dem gleichen Vers 'Carmina, clarisonae calvis cantate, Camenae!'. Wenn wir nur diesen Vers im Proömium zählen und die 13 anderen Wiederholungen nicht, dann haben wir nur noch 133 Verse.
Zusätzlich haben wir noch drei Verse beim Incipit – dem Ankündigungsteil – und drei Verse beim Explicit – dem Abschlussteil. Im Incipit kündigt er das Werk an : 'carmen cognoscite, cuncti!' – also kann man sie noch nicht zum Gesamtwerk zuzählen. Anders ist es bei den Explicitversen, die er als Clausula carminis bezeichnet und die ich glaube, mitzählen zu können. Und schon sind wir bei genau 136 Versen.

29   Vers 35. Man beachte den schönen Reim mit Vers 34. Auch die beiden folgenden Verse 36 und 37 zeigen die große Meisterschaft Hucbalds.

letzten Verse wirken auf uns heute wie eine über-
triebene Lobhudelei; aber sie stehen ganz in der
Tradition der Laudationen des Porphyrius, den er
ja auch am Anfang im Text erwähnt.[30]

Der Widerruf auf eine eventuelle Unterstellung, er
habe sich doch materielle Gunsterweise von Hatto
erwartet, klingt nicht sehr überzeugend. Warum
sollte er sonst die beschwerliche Reise nach Mainz
auf sich nehmen, um Hatto ein Werk zu präsentie-
ren, das immerhin schon vor zwanzig Jahren fer-
tiggestellt worden war. Vielleicht hoffte er doch
auf eine lukrative 'Zweitverwertung'.

Versus Hucbaldi ad Hattonem

Musa decus vatum, moderato, Polimnia,
gressum
Accelerans laetum Hattonis cernere vultum
Praesulis, officio comple quod nomine signas:
Pangito priscorum memorans monumenta
virorum,
Quis constat vatum non displicuisse Camenas,
Sed multis cumulasse viros pro carmine donis.
Minciadae quid contulerit sua musa Maroni.
Testis adest orbis vulgans sua famina passim;
Naso quid Ovidius, quid Porphiriusve poetas,
Exilii poenas quorum solvere Camenae.

Augusto metri cum xenia Graeculus olim
Saepius afferret, sed praemia nulla referret,
Non prius audaces voluit compescere musas,
Disticon eliceret tanto de principe donec,
Redderet et geminos gemino pro carmine
nummos,
Se memorans largum: regem sic carpsit avarum
Multiplicemque sibi summam pro fenore
sumpsit.
Addatur corvus humana voce salutans

'Caesar, ave'! Spretis querulus qui vocibus infit
Inpensas operis proprii periisse magistri:

Augustus pretio quem mox mercatur enormi.
Temporibus priscis summorum more potentum
Musicanis haec lex fuerat servata poetis,
 Munere ne vacui calamo trivisse labella
Paeniteant neque se vano sudasse labore.

Eheu! si perit haec forsan, studium perit omne
Discendi, dum nullus honos dependitur arti.
Heu! cadit in quemquam scelus hoc, qui rite
vocetur
Princeps atque potens? Taceant si forte
Camenae
Dactilicae, calvis quisnam, rogo, carmina laudis

Componet pulchris? Quisnam, rogo, plena
cachinno
Obstruet ora canum circumlatrantia calvum?
Candiduli calvi, concurrite, ferte iuvamen!
Tuque, decus summum, calvorum gloria, calve,
Nostra ad vota fave perque omnia prospera
salve!

Perspice prudenti perlustrans pectore parva
Munera musarum miris modulata melodis.
En tibi centenos, ter denos, bis quos ternos.
Quae 'centum' signat, quae 'calvis'nomine
praestat,
Quae frontes pingit confingens cornua lunae,

Quae theatrum format, comprendit littera
versus,
Non modo principia his, sed, sed singula verba
regirans.
En corvus cracitans te, princeps magne, salutat;
Nec tamen effundit querulas pro munere voces,
Inpensas neque causatur periisse laboris.

Nec volo me, carmen studui qui cudere laudis
Calvorum, quisquam privatum munere dicat,
Censeat aut credat; sunt nam mihi praemia quaestus
Maxima: nosse virum cunctis per cuncta
verendum
Et quia me tantus dignatur noscere praesul.

Quem, peto, rex regum cum sederit arbiter
orbis,

Inter pontifices faciat residere beatos
Aetherei tribuens illi consortia regni.
Sic sit, amen! Chorus hoc calvorum postulet
omnis.

Hucbalds Schreiben an Hatto

Muse, du Zierde der Dichter, Polyhymnia, obwohl du so eilig bist, das freundliche Gesicht des Bischofs Hatto[31] zu sehen, mäßige deinen Schritt und erfülle die Aufgabe, die du mit deinem Namen ausdrückst! Singe und erinnere an die Beispiele der Menschen in alten Zeiten, denen die Musen der Dichter sehr gefallen haben und die sie mit vielen Geschenken für die Lieder überhäuften.

Was seine Muse dem Vergil, der aus der Nähe des Mincio stammte, gebracht hat, dafür ist der Weltkreis Zeuge, der seine Worte weithin verbreitet hat. Oder die Dichter Ovidius Naso und Porphyrius[32], deren Strafen der Verbannung die Musen gelindert haben.

Als einst ein Griechlein dem Kaiser Augustus Gedichte widmete, aber keinerlei Belohnungen dafür erhielt, wollte er seine Musen nicht früher bezähmen, bis der große Princeps ihm selber ein Distichon überreichte und weil er dem Kaiser zwei Denare für die zwei Verse zahlte, konnte er sich als

---

31 Hatto war ein sehr vermögender und politisch einflussreicher Erzbischof von Mainz (891 – 912/13).

32 Es handelt sich hier um den Dichter Optatianus Porphyrius, um 330

freigiebig rühmen und kritisierte den König somit als geizig. Daraufhin erhielt eine vielfach größere Summe als erwartet.[33]

Ein anderes Beispiel: ein Rabe grüßte den Kaiser mit menschlicher Stimme „Ave, Caesar!" und fing mit spöttischen Worten an sich zu beklagen, dass die Aufwendungen seines Lehrers für diese Arbeit vergebliche Mühen gewesen seien: Augustus kaufte den Raben sofort für einen enormen Preis.

In alter Zeit wurde von den höchsten Machthabern die Sitte beachtet und galt gleichsam als Gesetz, dass es die Dichter, die von den Musen inspiriert waren, nicht reuen sollte, ohne Belohnung mit der Schreibfeder die Lippen zerfetzt und durch vergebliche Mühe Schweiß vergossen zu haben.

Oh weh! Wenn dieser Brauch etwa verschwindet, verschwindet auch jeglicher Lerneifer, wenn kein Ehrensold mehr von der Kunstfertigkeit abhängig gemacht wird.

Ach, fällt ein solches Verhalten auf jemanden, der mit Fug und Recht Princeps oder Mächtiger genannt wird? Und wenn gar die dichtenden Musen

---

33   Diese und die folgende Anekdote werden von Macrobius berichtet (Sat. II, 30 u. 31). Augustus soll dem Graeculus 100 000 Sesterzen haben auszahlen lassen.

schweigen, wer, frage ich, soll für die Kahlen die Lobeshymnen komponieren?

Ihr silberweißen Kahlen, kommt herbei und bringt Hilfe! Du, höchste Zierde, Ruhm der Kahlen, Du Kahler, bringe unseren Vorhaben Segen und lass alle Dinge gedeihen, heil Dir! Betrachte und untersuche mit klugem Herzen die kleinen Geschenke der Musen, die wunderbar melodisch moduliert sind.

Hier, ich übergebe dir meine Verse: einmal Hundert, dreimal je Zehn, zweimal je Drei! Dies ist der Buchstabe, der 'centum' kennzeichnet, 'der dem Wort 'calvus' voransteht. Dieser Buchstabe bemalt die Stirne und bildet die Sicheln des Mondes im Haarkranz, er formt die Gestalt des Theaters und ergreift die Verse, nicht nur die Anfänge sondern alle einzelnen Worte umfassend.

Hier, das ist der krächzende Rabe, der dich, großer Princeps grüßt. Aber er gießt keine kläglichen Worte bezüglich einer Zuwendung aus und beklagt sich auch nicht, die Aufwendungen für diese Arbeit vergeudet zu haben.

Auch will ich, der ich mich so angestrengt habe, dieses Loblied der Kahlen zu verfertigen, nicht, dass irgendjemand sagt, meint oder glaubt, ich sei um eine Belohnung betrogen worden. Denn ich habe als Gegenleistung die größten Prämien erhalten: und zwar den für alle verehrungswürdigsten Mann kennengelernt zu haben, und weil mich dieser so bedeutende Erzbischof einer Bekanntschaft für würdig hält.

Ich bitte flehentlich, dass der König der Könige, wenn er als Schiedsrichter des Erdkreises seinen Richtersitz eingenommen hat, diesen Mann unter den seligen Bischöfen Platz nehmen lässt und ihm Teilhabe an der himmlischen Herrschaft gewährt.

So sei es! Amen! Der ganze Chor der Kahlen soll dies fordern!

Nachwort

Die Person Hucbalds scheint mit seinen Stärken und Schwächen einigermaßen deutlich aus seinem Werk herauslesbar zu sein.

Weniger eindeutig ist jedoch die Überlieferung des Textes, der an manchen Stellen gestört oder in verschiedenen Varianten überliefert ist.

Am Beispiel der Zeile 5 des Proömiums kann die Problematik gut verdeutlicht werden: es gibt in den Handschriften und den Konjekturen der Herausgeber sechs verschiedenen Varianten; im wesentlichen läuft es darauf hinaus, ob das letzte Wort der Zeile als 'clubas'[34] oder 'cluras'[35] zu lesen ist. Es ist ersichtlich, dass sich daraus natürlich völlig unterschiedliche Übersetzungen ergeben.

Ich habe mich für die Lesart 'clubas' entschieden, weil sie meines Erachtens von Corpet nachvollziehbar begründet wird. Hingegen hat Paul von Winterfeld, der sich für 'cluras' entscheidet, dieses Problem nicht weiter erörtert

---

34   Corpet, a. a. O. S. 27 cluba in der Bedeutung: ein Hund, der bellt

35   Paul von Winterfeld, MGH 4,1 S.267 clura in der Bedeutung: schwanzloser Affe

Für beide Vokabeln gibt es im mittellateinischen Glossar von DuCange nur singuläre Nachweise. Für die erstere Lesart spricht zudem, dass Hucbald an mehreren Stellen seine Gegner mit Hunden vergleicht.

Ich möchte dem Leser am Beispiel des Proömiums zeigen, wie der Nachdichter Thomas Klein sich aus der Affäre gezogen hat, da er den von Winterfeld propagierten Text übernimmt.

„Bless now the bald with bright ballads, O Bards.
I will begin to braid the bald with bright ballads,
Conversely, to confuse the critic 'skinky curls.
Let all brave Bards with ballads brightly bless the bald
And cast their kudos far; but confine for their crimes
Those brash baboons that bray abuse about the bald.
Let the cause of Kojak climb to constellations.
Bridle your bouche, beastly bristling barbarians,
Cutting the curl-less with your crafty canticles.
Let the balds' beauteous ballad be broadcast.[36]

---

36   Klein Thomas, a. a. O. Verse 4 - 13

Ein anderes Problem ist ziemlich seltsam. Im 18. Jahrhundert wurde von einem gewissen G. Barth behauptet, in einem böhmische Codex 15 Verse Hucbalds gefunden zu haben, die als Begleitschreiben gedient hätten, als Hucbald sein Carmen an Karl den Kahlen gesandt habe. Es gibt sie nirgendwo sonst. Von von Winterfeld werden diese Verse als Fälschung deklariert, als 'versus damnandos', und Barth als notorischer Fälscher bezeichnet. Auch Corpet glaubt nicht an die Authentizität. Diese Verse sollen dem Leser nicht vorenthalten werden

Carmine, clara, cave calvos calvare, Camena!
Crispa cadat contra caudata calumnia cirro.
Calvorum charites cantatae carmine claro
Conticeant, cum clangenti concita canore
Conciderint caeli cum Christi culmina cultu.

Caesareae capides, cauti cata cista Catonis
Concludant cleri captantia carmina culpas.
Carmina, calvorum comptrix, conclude Camena!
Carole, cum calvis, Caesar clarissime, canta
Crucifero Christo clari conamina cleri.

Clausa Camena capit cum Caesare congrua curam.
Compta corona cave: cum Caesare condita calvo
Caroleos comunt celebrantia carmina calvos.
Christe, caput calvum cum compto contueare!
Crux cuius cunctis condonat crimina calvis.

Hüte dich, leuchtende Muse, in deinem Liede die Kahlen hintanzustellen!
Es falle vielmehr die feige kraushaarige Verleumdung in sich zusammen!
Die Grazien der Kahlen, mit einem herrlichen Liede besungen,
mögen schweigen, wenn die erschütterten Pfeiler des Himmels mit
gewaltigem Getöse zusammen mit dem Kult Christi niederstürzen!
Die kaiserlichen Mysterienvasen und das helltönende Gefäß des umsichtigen
Cato sollen die Lieder einschließen, die die Vergehen des Klerus enthalten.
Verschließe diese Lieder, du Muse, die du die Kahlen schmückst!

Karl, herrlichster Caesar, singe mit den Kahlen
dem das Kreuz tragenden
Christus von den Bemühungen des leuchtenden
Klerus.
Die verschlossene Muse übernimmt in Überein-
stimmung mit dem
Caesar die Obliegenheiten.
Wenn der Haarkranz zum Schmuck geworden ist,
gib acht!
Die zusammen mit dem kahlen Caesar verfassten
Lieder, die die Kahlen feiern,
schmücken auch die Karolinger.
Christus, nimm den kahlen Kopf mit dem schmu-
cken Haarkranz in Obhut!
Du, dessen Kreuz allen Kahlköpfigen die Sünden
vergibt.

Wenn die Verse eine Fälschung sind, dann zumin-
dest eine, die viel Mühe gemacht hat. Auf den
ersten Blick ist sie jedenfalls nicht so leicht zu er-
kennen. von Winterscheid verweist auf das in der
ersten Zeile verwendete 'calvare', das eigentlich
wie bei Hucbald 'calvere' heißen müsse. Auch ist
der Inhalt an manchen Stellen mysteriös und einer
Interpretation schwer zugänglich.

Literaturverzeichnis

Corpet Franciscus, Hucbaldi. de laude calvorum carmen mirabile, Paris 1853

von Winterfeld Paul, in: Monumenta Germaniae Historica, Berlin 1899, vol. IV, S. 261-272

Migne J. P., Patrologia Latina, Paris 1844-1857

Du Cange, et al., Glossarium mediae et infimae latinitatis, Niort: 1883-1887

Regesta Imperii Online. Karl der Kahle RI 2, 1, 2 n. 1-610

Uhl Karl, Die Karolinger, C. H. Beck, München 2014

Fossier Robert, Das Leben im Mittelalter, Piper München/Berlin 2008

Golder Werner, Synesios von Kyrene – Lob der Kahlheit, Würzburg 2007

Lebe Reinhard, War Karl der Kahle wirklich kahl?, DTV 1990

Jussen Bernhard, Die Franken, München 2014

Zeitfracht Medien GmbH
Ferdinand-Jühlke-Straße 7
99095 Erfurt, Deutschland
produktsicherheit@kolibri360.de